¿Quién es Sonia Sotomayor?

Megan Stine

ilustraciones de Dede Putra

traducción de Yanitzia Canetti

Penguin Workshop

Para Maddy—MS

Dedicado a mis padres—DP

PENGUIN WORKSHOP
Un sello editorial de Penguin Random House LLC, Nueva York

Publicado por primera vez en los Estados Unidos de América por Penguin Workshop, un sello editorial de Penguin Random House LLC, Nueva York, 2017

Edición en español publicada por Penguin Workshop,
un sello editorial de Penguin Random House LLC, Nueva York, 2023

Derechos del texto © 2017, 2023 de Megan Stine
Derechos de ilustración © 2017, 2023 de Penguin Random House LLC
Derechos de la traducción en español © 2023 de Penguin Random House LLC

Traducción al español de Yanitzia Canetti

Penguin respalda los derechos de autor. Los derechos de autor alimentan la creatividad, fomentan las voces diversas, promueven la libertad de expresión y crean una cultura vibrante. Gracias por comprar una edición autorizada de este libro y por cumplir con las leyes de derechos de autor al no reproducir, escanear ni distribuir ninguna parte de él en ninguna forma sin permiso. Está apoyando a los escritores y permitiendo que Penguin continúe publicando libros para todos los lectores.

PENGUIN es una marca comercial registrada y PENGUIN WORKSHOP es una marca comercial de Penguin Books Ltd. Who HQ & Diseño es una marca registrada de Penguin Random House LLC.

Visítanos en línea: penguinrandomhouse.com.

Los datos de Catalogación en Publicación de la Biblioteca del Congreso están disponibles.

Impreso en los Estados Unidos de América

ISBN 9780593522660   10 9 8 7 6 5 4 3 2 1 WOR

Contenido

¿Quién es Sonia Sotomayor?............. 1
Nació en el Bronx................... 5
Esperanzas y sueños en la escuela secundaria.. 20
Princeton...................... 30
Derecho y matrimonio................. 41
Atrapar a los malos............... 51
Ascender y seguir adelante.......... 61
Su Señoría................... 66
Cada vez más alto............... 79
Una de nueve................. 85
Cronologías.................. 106
Bibliografía................. 108

¿Quién es Sonia Sotomayor?

Nueva York: 25 de mayo de 2009

Era un cálido día de primavera muy agradable para estar al aire libre. Pero Sonia Sotomayor estaba en su despacho, junto a su teléfono. Esperaba ¡una llamada de la Casa Blanca!, la más importante de su vida. Sabría si el presidente Barack Obama quería que ella fuera magistrada de la Corte Suprema.

Sonia ya era jueza. Su sala de audiencias estaba en el centro de la ciudad de Nueva York. Pero ser una de los nueve magistrados de la Corte Suprema sería muy diferente.

La Corte Suprema es el tribunal más importante del país: decide si las leyes de Estados Unidos son justas o no y sus decisiones son definitivas.

Durante todo el día, el teléfono de su despacho sonó una y otra vez. Cada vez que Sonia lo cogía, era su familia la que llamaba. Querían saber qué pasaba. Si conseguía el puesto, sería la tercera mujer en formar parte de la Corte Suprema, y la primera hispana. Su familia sería invitada a la Casa Blanca con ella al día siguiente. Algunos miembros de la familia vendrían desde Puerto Rico.

Finalmente, a las siete de la noche, Sonia no pudo aguantar más la espera. Cogió el teléfono y llamó ella misma a la Casa Blanca. Habló con un asesor del Presidente. ¿Qué debía hacer? Si la elegían, tenía que llegar a Washington a la mañana siguiente.

El ayudante le dijo a Sonia que se fuera a casa a hacer la maleta y que esperara la llamada.

Poco después de las 8:00 p. m., llegó la llamada, la que ella tanto esperaba. Era el Presidente. Le dijo que la nombraría para que fuera la próxima magistrada de la Corte Suprema.

Sonia quedó en *shock* y empezó a llorar. "Gracias, señor Presidente", dijo.

Luego él le pidió que le prometiera dos cosas: Quería que siguiera siendo la misma persona que era, y que continuara conectada al mundo del que procedía.

Para Sonia Sotomayor, que había crecido pobre y orgullosa de su herencia puertorriqueña, fue una promesa que hizo con mucho placer.

Latino e hispano

¿Cuál es la diferencia entre latino e hispano? Un niño o un hombre cuya familia procede de América Latina es latino. Una chica o mujer cuya familia procede de América Latina es latina. Hispano es alguien cuya familia proviene de un lugar de habla hispana, como España, México o Puerto Rico. Así, Sonia Sotomayor, cuya familia procede de Puerto Rico, podría llamarse hispana y latina.

América Latina

CAPÍTULO 1
Nació en el Bronx

Los cinco distritos de la ciudad de Nueva York

Sonia María Sotomayor nació el 25 de junio de 1954. Sus padres, Juan y Celina, vivían en una zona pobre del Bronx, que forma parte de la ciudad de Nueva York. Como muchos de sus vecinos, Juan y Celina habían llegado a los Estados

Unidos desde Puerto Rico. Habían dejado su país en 1944, en busca de una vida mejor. En el Bronx se conocieron, se casaron y se mudaron al edificio donde vivía la madre de Juan.

Los Sotomayor trabajaron duro para labrarse un futuro en su nuevo país. Celina trabajaba en un hospital y estudiaba enfermería. Juan trabajaba en una fábrica. Ella aprendió algo de inglés, pero la familia solo hablaba español en casa.

Cuando Sonia tenía 3 años, nació su hermano Juan, al que llamaban Junior. Al crecer la familia, sus padres decidieron mudarse a un apartamento más grande y bonito en el Bronx.

A Sonia le gustaba su nuevo hogar, pero extrañaba vivir cerca de su abuela Mercedes. Años después, escribió un libro sobre su vida. Lo tituló *My Beloved World* y se publicó en 2013. En él habla de su abuela: lo llena de vida que estaba. Ella hacía fiestas para la familia casi todos los sábados por la noche. Todos bailaban, jugaban al dominó y cantaban. Mercedes leía poesía sobre Puerto Rico y hacía grandes comidas. El apartamento se llenaba del olor de la comida puertorriqueña,

como el pollo cocinado con cebolla y ajo. Incluso de niña, ¡a Sonia le gustaban las patas y las orejas de cerdo!

Cuando Sonia era muy joven, Mercedes empezó a llevarla a Puerto Rico de vacaciones.

A Sonia le encantaban esos viajes. Nunca olvidó el agua azul y transparente y la arena blanca de las playas de su país.

Puerto Rico

Puerto Rico es una isla situada en el Océano Atlántico. Está a unas mil millas de la Florida. La isla fue propiedad de España durante 405 años.

Por eso el español es el idioma principal. Pero desde 1898, Puerto Rico forma parte de los Estados Unidos.

Aunque Puerto Rico no es un estado, los nacidos allí son ciudadanos estadounidenses. Pero no tienen todos los derechos de los estadounidenses, pues no pueden votar por los congresistas ni por los presidentes.

Algunos puertorriqueños desean que su país se convierta en el estado 51. Otros prefieren que Puerto Rico sea una nación independiente. Sonia Sotomayor ha reflexionado mucho sobre esta cuestión a lo largo de los años, pero es difícil decidir.

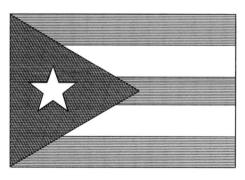

Bandera de Puerto Rico

El padre de Sonia era un hombre adorable. Llevaba a Sonia de pícnic, a la playa y a los juegos de los Yankees, pero bebía demasiado. Sus padres discutían mucho por eso.

Cuando el padre de Sonia perdió su empleo, Celina trabajaba noches y fines de semana para mantener a la familia y pagarle una escuela católica a Sonia y a Junior. Ella pensaba que la educación era lo más importante en la vida.

Pero a Sonia no le gustaba su escuela. Las monjas eran muy estrictas y les daban bofetadas a los niños que no se portaban bien.

Sonia también tuvo otros problemas. Con casi ocho años, se desmayó en la iglesia. Y esta no fue la primera señal de un problema. A menudo no tenía energía, se sentía débil. Tenía sed todo el tiempo y perdía peso. Celina la llevó al médico de inmediato.

El médico la envió al *Prospect Hospital* del Bronx para que le hicieran unas pruebas. Celina trabajaba allí, así que Sonia no tuvo miedo al principio. Y cuando se hicieron las pruebas, el resultado no fue bueno, tenía diabetes de tipo I. Nunca antes había visto llorar a su madre.

La diabetes antes y ahora

Las personas con diabetes tienen demasiado azúcar en la sangre. Su cuerpo no puede eliminar el azúcar. Hay un medicamento que mantiene el azúcar a un nivel seguro. Se llama insulina y se administra mediante inyecciones. El problema es que los niveles de azúcar pueden cambiar muy rápidamente. Por eso, los diabéticos tienen que analizar su sangre constantemente. Tienen que llevar insulina consigo todo el tiempo para inyectarse. Cuando Sonia era joven, a principios de los años 60, era mucho más difícil controlar la diabetes. Muchos diabéticos no vivían tanto como las personas sin la enfermedad. Hoy, sin embargo, el tratamiento ha mejorado. Las personas como Sonia viven mucho más tiempo y llevan una vida activa.

Sonia estaba asustada. Permaneció en el hospital una semana. Cuando volvió a casa, se sentía mejor. Pero había otro problema, como explica ella en su libro: a sus padres los ponía nerviosos ponerle inyecciones de insulina. Celina era enfermera, pero odiaba la idea de hacerle daño a su hija. Sus padres empezaron a discutir por ello.

Sonia siempre fue una chica que quería resolver los problemas por sí misma. Así que se subió a una silla cerca de la estufa para hervir agua y esterilizar la aguja (matarle los gérmenes).

Al principio su madre estaba preocupada. ¿Debía dejar que una niña usara la estufa y manipulara una aguja? Casi todos los padres dirían que no. Pero Celina decidió confiar en su hija. Desde ese día, Sonia se inyectaba insulina todos los días.

Ahora que su enfermedad estaba controlada, tenía más energía.

Pero al año siguiente, su mundo se derrumbó de nuevo. Su padre murió repentinamente de un ataque al corazón. Solo tenía cuarenta y dos años.

Sonia y Junior estaban muy tristes, pero su madre parecía superada por el dolor. Años después, Sonia escribió que su madre no salía de su habitación por la noche. ¿Cómo iba a tener una niña de nueve años una infancia feliz con tanta tristeza a su alrededor?

CAPÍTULO 2
Esperanzas y sueños en la escuela secundaria

Sonia se sintió sola todo ese verano y se refugió en los libros, leía durante horas en la biblioteca. Sus libros favoritos eran los de misterio de Nancy Drew. Le encantaba cómo la autora podía resolver crímenes y atrapar a los delincuentes.

Sonia sabía que tal vez no viviría mucho tiempo. Sin embargo, pensaba mucho en el futuro. Estaba decidida a aprovechar al máximo su tiempo. Quería hacer una carrera importante. Tal vez podría resolver crímenes como Nancy Drew... o Perry Mason.

Perry Mason era un programa de TV que veía cuando era joven. En este, un abogado defendía a personas inocentes acusadas de asesinato. Cada semana, Perry Mason ganaba un caso en la corte.

Sonia sabía que si quería ser abogada algún día, tendría que estudiar mucho y sacar buenas notas. Su madre le había enseñado la importancia de aprender. Aunque eran pobres, Celina compró un juego de enciclopedias para su casa. Los gruesos libros eran del tipo que la mayoría de la gente solo veía en las bibliotecas. Sonia hojeaba un volumen diferente cada día, y aprendía todo lo que podía.

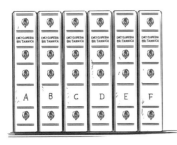

La escuela se hizo más fácil después de la muerte del padre de Sonia. Las monjas eran ahora más amables con ella. Y Celina empezó a hablar inglés en casa. Eso la ayudó mucho.

Sonia también aprendió que pedir ayuda era una buena manera de tener éxito. Un día le pidió ayuda a una de sus compañeras y esta le dio algunos consejos de estudio. Después de eso, Sonia sacó mejores notas.

Cuando Sonia iba a empezar el instituto, su barrio del Bronx era un lugar muy peligroso. Estaba lleno de traficantes y bandas. Por eso, Celina se mudó a una zona más segura del Bronx. Su nuevo apartamento estaba cerca de la *Cardinal Spellman High School*. Allí fue donde Sonia comenzó el noveno grado.

En esa época, en la *Cardenal Spellman*, las chicas y los chicos recibían las clases separados. Solo se veían en el almuerzo. Aun así, Sonia hizo muchos amigos. También tenía un novio llamado Kevin Noonan.

Kevin tenía los ojos azul grisáceo y el pelo rizado y castaño. Era inteligente y la hacía sentirse especial.

En su primera cita, la llevó a una zona muy elegante de Manhattan, que estaba cerca del Bronx. Pero, como escribió Sonia más tarde, parecía un mundo totalmente diferente. Después de esa primera cita, Sonia y

Kevin Noonan

Kevin se hicieron novios. Él pasaba todo el tiempo que podía en casa de ella.

Ken Moy

Sonia tenía otros buenos amigos en la escuela. Ken Moy era un año mayor que ella. Lo conoció cuando se unió a un club en el que los estudiantes tenían que dar discursos. Ken la enseñó a hablar ante el público. Ella sabía que eso la ayudaría a convertirse en abogada, como Perry Mason.

Durante la secundaria, Sonia estudió mucho y trabajó en el *Prospect Hospital*. Junior también trabajaba, ¡tenía dos trabajos! Ambos tenían que ayudar porque la familia era muy pobre. Con tan poco dinero, Sonia no sabía cómo podría

Junior Sotomayor

pagar la universidad. Pero, cuando estaba en el último año, su amigo Ken la llamó. Él estaba ahora en la Universidad de Princeton, que pertenecía a la *Ivy League*, un pequeño grupo de las mejores universidades del país.

Ken le dio un consejo a Sonia: "Intenta entrar en la *Ivy League*", le dijo. Para ella podría ser difícil acoplarse a ese medio, por ser pobre e hispana. Pero él le dijo que una educación en la *Ivy League* cambiaría su vida para siempre.

Sonia decidió seguir el consejo de Ken. Solicitó plaza en tres universidades de la *Ivy League*: Harvard, Yale y Princeton. No tenía ni idea de lo difícil que era entrar en esas universidades. Pero, ¡la aceptaron en las tres!

Después de visitarlas, Sonia decidió seguir los pasos de Ken Moy. Iría a Princeton. La universidad estaba en Nueva Jersey, a solo una hora y media de Nueva York.

Pero para Sonia, Princeton era completamente

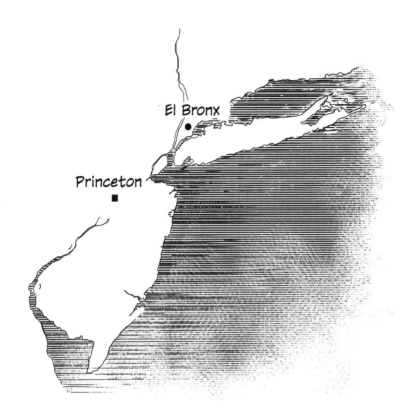

nueva y diferente, como ningún lugar en el que hubiera estado antes.

CAPÍTULO 3
Princeton

En Princeton, muchos estudiantes eran blancos que provenían de familias ricas. La mayoría había viajado por todo el mundo. Iban a esquiar, tenían coches de lujo y llevaban ropa cara.

Ellos se sentían como en casa en el hermoso campus, con sus elegantes comedores con paneles de madera y sus antiguos edificios de piedra.

Pero Princeton quería más estudiantes de diferentes orígenes. Intentaban atraer a estudiantes inteligentes y trabajadores como Sonia Sotomayor. Era un programa llamado *Affirmative Action* (Acción Afirmativa).

Acción Afirmativa

Acción Afirmativa es un programa que ayuda a las minorías a salir adelante en la escuela y en el trabajo. Comenzó en la década de 1960. Era una forma de compensar la discriminación racial. Si dos personas solicitaban un puesto de trabajo, la mayoría de las veces la persona blanca sería elegida sobre la negra. Acción Afirmativa trató de cambiar eso. En 1961, el presidente Kennedy firmó una ley que obligaba a los funcionarios a tomar medidas positivas que permitieran que las minorías pudieran trabajar en el gobierno. Cuando las minorías solicitaban un puesto de trabajo, o una plaza en la universidad, se priorizaban por encima de las otras personas. Así, a las personas de menos recursos y discriminadas, se les dio más oportunidad de tener éxito.

Princeton le dio a Sonia una beca completa, o sea, no tenía que pagar la escuela. Sin la beca, nunca habría podido permitirse estar en Princeton. Sonia ha dicho muchas veces que estaba muy agradecida de Acción Afirmativa. Esta la ayudó a entrar en una universidad de primer nivel y a alcanzar sus sueños.

Muy pronto, Sonia hizo amigos. Su compañera de cuarto, Dolores, era mexicano-americana. Pasaban tiempo juntas en el *Third World Center* (Centro del Tercer Mundo), un centro para estudiantes de minorías. A muchas de las personas

que Sonia conoció allí les interesaba la política y la justicia. Querían hacer del mundo un lugar mejor. Años más tarde, Michelle Obama iría a Princeton. Ella también pasó mucho tiempo en el *Third World Center*.

Sonia no sacaba buenas notas al principio. Para su sorpresa, obtuvo una C en su primer trabajo de historia. Así que hizo lo que siempre había hecho: pedir ayuda. Su profesor le explicó cómo escribir con más claridad y presentar un argumento convincente en un trabajo.

Otros profesores también la ayudaron. Le dijeron que mezclaba la gramática española con las frases inglesas. Así que en el verano después de su primer año, compró algunos libros de gramática inglesa. Los estudió mucho y entonces, sus notas mejoraron.

Mientras tanto, Sonia y Kevin seguían juntos. Kevin se había ido a otra universidad y venía a visitar a Sonia los fines de semana.

Aunque ahora sacaba buenas notas, no siempre sentía que la aceptaban. Era difícil ser una de las pocas hispanas del campus.

El sentirse como una forastera hizo que Sonia decidiera cambiar las cosas en Princeton. Algo que notó fue que no había ni un solo profesor hispano. Ni siquiera las clases de español eran impartidas por hispanos.

Ella y sus amigos del *Third World Center* escribieron cartas a los responsables de Princeton. Luego le escribió al gobierno de EE. UU. para hacerle llegar una queja: Princeton estaba siendo injusta con las minorías.

¡Y esto funcionó! Princeton contrató a una persona hispana para un puesto importante: vicedecano de asuntos estudiantiles.

Al final de su carrera, Sonia era ya conocida como una líder, estaba lista para tomar el mando. Y sus notas eran excelentes. Sin embargo, a medida que se acercaba la graduación, se dio cuenta de que todavía tenía mucho que aprender.

Un día entró en su dormitorio y, como explicó años después en el libro sobre su vida, encontró a su amiga Felice sentada allí.

Felice parecía desconcertada. Había visto una carta en la papelera de Sonia. Era una invitación para entrar en un club muy especial llamado *Phi Beta Kappa*, para los mejores estudiantes. En Princeton, eso significaba lo mejor de lo mejor. Sonia había tirado la carta porque nunca había oído hablar de *Phi Beta Kappa*.

Sonia siguió el consejo de Felice. Respondió a la invitación y obtuvo la llave *Phi Beta Kappa*, símbolo del club.

En junio de 1976, Sonia se graduó. Además de *Phi Beta Kappa,* recibió otros honores. Fue la ganadora del Premio Pyne, el más alto galardón que podía recibir un estudiante de último año en Princeton.

Sin embargo, terminar la universidad fue solo el comienzo de su educación. Sonia se dio cuenta de que seguiría aprendiendo el resto de su vida.

CAPÍTULO 4
Derecho y matrimonio

Todos en la familia Sotomayor esperaban que Sonia y Kevin se casaran. Sonia y Kevin también lo esperaban, pues eran novios desde el instituto.

Así que en el verano siguiente a la graduación, planearon su boda. Era el momento adecuado. En otoño, Sonia empezaría a estudiar derecho en Yale. ¡Su sueño de la infancia de convertirse en abogada se iba a hacer realidad!

Escuela de Derecho de Yale

Catedral de San Patricio

La boda se celebró el 14 de agosto de 1976 en la Catedral de San Patricio de Nueva York, una hermosa iglesia en la Quinta Avenida. ¿Cómo pudieron casarse Sonia y Kevin en un lugar tan elegante? ¡Junior, el hermano de ella, trabajaba en la iglesia!

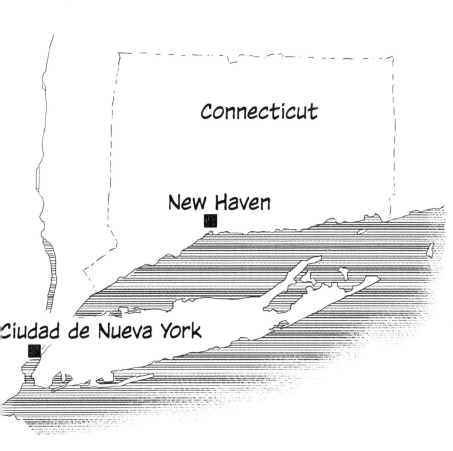

Después de la boda, se mudaron a New Haven, Connecticut. Allí está la Facultad de Derecho de Yale, donde Sonia estudió. Kevin trabajaba en un laboratorio de ciencias. Ella también tenía trabajos a tiempo parcial. ¡Uno de ellos era de portera en un bar del campus!

Sonia controlaba que todos fueran mayores de edad y que nadie entrara sin pagar. Era estricta con las normas.

La Facultad de Derecho fue muy dura y tenía que estudiar todo el tiempo. Una vez más sintió que tenía que demostrar su valía. No había muchos estudiantes latinos ni de otras minorías. Acción Afirmativa había ayudado a Sonia a entrar en la Facultad de Derecho de Yale.

En la Facultad de Derecho de Yale, los latinos ocupaban algunos puestos importantes. Sonia conoció a José Cabranes, una leyenda para muchos puertorriqueños. Había sido abogado del gobernador de Puerto Rico. Ahora era uno de los mejores abogados de Yale.

José Cabranes

Rápidamente, Cabranes se convirtió en un mentor para Sonia, una persona que le daba consejos y la ayudaba en su carrera. Sonia trabajó a tiempo parcial para Cabranes. También aprendió mucho observándolo. Ella veía cómo hablaba y actuaba ante la gente. Era inteligente, amable y generoso. También se preocupaba mucho por las cosas en las que creía, como el futuro de Puerto Rico. Cabranes era un hispano de origen pobre al que se trataba con mucho respeto.

Para Sonia, Yale fue muy parecida a Princeton. Empezó lentamente, sin estar segura de sí misma. Al principio, nunca levantaba la mano en clase. Pero en su último año en la facultad de Derecho, le iba bien. Escribió un artículo para el *Yale Law Journal*, ¡y lo publicaron! Solo los mejores estudiantes tenían artículos en el *Journal*.

En octubre de 1978, Sonia y otros estudiantes fueron invitados a cenar con los abogados de un gran bufete de Washington, DC. El bufete estaba buscando graduados de Yale. Sonia comprendió que la cena era como una entrevista de trabajo. Si los abogados quedaban impresionados con ella, podrían ofrecerle un empleo.

Pero la cena no fue bien. El hombre sentado frente a Sonia era uno de los jefes del bufete de abogados. Las primeras palabras que salieron de su boca fueron sobre Acción Afirmativa: ¿Sonia entró en Yale por ser puertorriqueña?

Sí, dijo Sonia y le agradezco a la Facultad de Derecho de Yale que quiera más estudiantes como yo. Ser latina me ayudó a ser aceptada.

El hombre pensó que era un gran problema. Dijo que los bufetes no deberían contratar a estudiantes de Acción Afirmativa. ¡Porque acabarían despidiéndolos unos años después!

Sonia se quedó en *shock*. El hombre asumió que ella no era tan buena como los otros estudiantes de Yale. ¡Se lo había dicho en su propia cara!

Sonia nunca se quedaba con los brazos cruzados. Presentó una queja formal a Yale. Dijo que no debería permitirle a ese bufete entrevistar a estudiantes, si iban a tratar a los hispanos de forma injusta. Finalmente, el bufete de abogados se disculpó, pero no le dieron trabajo. De todos modos, ella no quería trabajar para ellos.

¿Y ahora qué? se preguntaba Sonia. Pronto se graduaría de la Facultad de Derecho. Pero no tenía ninguna oferta de trabajo.

Entonces, una noche, en la biblioteca de derecho, vio una sala llena de gente. Servían queso y galletas, y como tenía hambre, entró.

Ella también quería saber qué estaba pasando allí. Fue entonces cuando conoció a la persona que podía ofrecerle el trabajo perfecto, el trabajo con el que había soñado desde la infancia.

CAPÍTULO 5
Atrapar a los malos

Sonia conoció aquella noche a Robert Morgenthau, Fiscal de Distrito del condado de Nueva York. Los Fiscales de Distrito son abogados que trabajan para una ciudad o un condado. Ellos llevan a juicio a los delincuentes e intentan enviarlos a la cárcel. También se llaman procuradores.

Robert Morgenthau

Morgenthau era famoso en Nueva York. Era un fiscal duro. La noche que Sonia lo conoció, estaba de visita en Yale. Buscaba graduados de la Escuela de Derecho para que trabajaran para él en la ciudad de Nueva York.

Sonia le escuchó decir que en los grandes bufetes de abogados, los jóvenes tenían que esperar años antes de participar en los tribunales. Pero que en el suyo, los nuevos abogados lo hacían en su primer año de trabajo. A Sonia le encantaba la idea de ir a los tribunales y hablar con los jurados, como Perry Mason.

A Morgenthau le gustó Sonia y le ofreció trabajo. Por ese trabajo de asistente no se pagaba mucho, comparado con lo que se podía ganar en un gran bufete de abogados. Sin embargo, pagaba mucho más de lo que la madre de Sonia había ganado nunca. Y era un trabajo para el que ella se sentía preparada.

En 1979, Sonia se incorporó a la Fiscalía de

Nueva York. ¡Sería una de las trescientas asistentes del Fiscal!

En la ciudad de Nueva York había mucha delincuencia. Miles de personas eran detenidas cada día. Los ayudantes del Fiscal decidían cuáles delitos debían ser procesados.

Había mucho que aprender sobre cómo ser Fiscal, lo que no le habían enseñado en Yale.

Sonia tuvo que aprenderlo en el trabajo. Solo recibió un poco de entrenamiento. Aprendió cómo funcionaba el sistema judicial y cómo presentar cargos contra los delincuentes. Los nuevos ayudantes tenían sesiones de práctica, llamadas "juicios simulados". Aprendió a hablar con un jurado y a convencerlo de que tenía razón.

Su primer caso fue sobre un joven universitario que había participado en una pelea callejera.

Sonia describió este caso cuando escribió sobre él en su libro. Dijo que cuando se puso delante del juez ese día, tartamudeó, pues no se sentía preparada. El juez utilizaba palabras que ella ni siquiera entendía.

Sonia perdió su primer caso, pero no se amilanó. Sabía lo que tenía que hacer: pedir ayuda y aprender más. Ganó su segundo caso, y lo hizo tan bien que sus jefes la felicitaron. Los nuevos fiscales se ocupaban de delitos menores por un tiempo antes de que se les asignaran casos más importantes. Pero Sonia ascendió muy rápido.

El trabajo en la oficina del Fiscal era duro y las horas eran largas. Cada semana, tenía que pasar un día entero hablando con los policías sobre sus detenciones. Una vez al mes, tenía que estar en el juzgado todo el día y hasta la noche, ¡hasta las dos de la madrugada! Al trabajar tantas horas, tenía que tener cuidado con su diabetes. Debía comer bien para no desmayarse en el juzgado.

Su oficina era pequeña y poco acogedora. Hacía demasiado calor o demasiado frío. Al principio, ni siquiera tenía despacho y su escritorio estaba en la entrada. Aun así, Sonia disfrutaba de su trabajo. Le gustaba ganar casos. Pero también sabía cuándo era oportuno retirar los cargos. Sus jefes le habían enseñado a ser dura pero justa, confiaban en su criterio.

En 1982, Sonia llevó uno de los mayores casos de su carrera como Fiscal. Se llamó el caso del asesino Tarzán. El criminal era un hombre llamado Richard Maddicks. Robaba apartamentos balanceándose en una cuerda como Tarzán. ¡Entraba por las ventanas! Si había alguien en casa cuando entraba, le disparaba.

Sonia fue elegida para ayudar en el caso. Tuvo que interrogar a los testigos, como una detective. Y al igual que Nancy Drew, ¡encontró una pista que ayudó a probar que Maddicks era culpable!

Su inteligente trabajo ayudó a encarcelar al asesino Tarzán.

Pero aunque le gustaba ser Fiscal, el trabajo le estaba pasando factura. Ella y Kevin apenas pasaban tiempo juntos. Ahora tampoco tenían mucho en común. En 1983, Sonia y Kevin se divorciaron. No estaban enojados el uno con el otro. Simplemente habían crecido y se habían separado.

Ahora Sonia tenía que empezar una nueva vida, sola.

CAPÍTULO 6
Ascender y seguir adelante

Después de su divorcio, Sonia consiguió un apartamento en Brooklyn cerca de amigos del trabajo. Durante la semana, ella y sus amigos trabajaban mucho. Pero los fines de semana, hacían fiestas e iban a conciertos y al teatro. Sonia alquiló una casa en la playa.

Sabía que su vida podría ser corta a causa de su diabetes. Quería vivir plenamente y hacer todo lo que pudiera con el tiempo que tenía.

Comprendió que una forma de vivir plenamente era teniendo experiencias nuevas y diferentes. Decidió cambiar de trabajo.

Así, en 1984, aceptó un trabajo en un bufete de abogados llamado Pavia & Harcourt.

Su trabajo era emocionante y glamuroso. Tenía que ayudar a una empresa italiana llamada Fendi.

Fendi fabricaba bolsos caros que se vendían en todo el mundo. Pero en los años 80, empezaron a aparecer bolsos Fendi falsos en Nueva York. Los delincuentes vendían estas copias en la calle a precios muy bajos. ¿Por qué iba a pagar alguien 350 dólares por un bolso si, por 45 dólares, podía comprar uno casi igual? Cada vez que alguien compraba un bolso falso, Fendi perdía dinero.

Sonia fue a la corte. Consiguió que un juez aceptara que había que detener a los delincuentes. El tribunal le dio permiso para "incautar" los bolsos falsos. Eso significaba que estaba legalmente autorizada a salir a la calle y quitarles los bolsos falsos a los delincuentes. Era un trabajo peligroso, por lo que Sonia no lo hacía sola. Un grupo de antiguos policías la acompañaba.

Los delincuentes eran "tipos duros", y ¡a veces se defendían! Otras veces, huían con sus cosas falsas y tenían que perseguirlos.

Con el tiempo, los malos empezaron a reconocer a Sonia y amenazaron con hacerle daño. Tenía que llevar un chaleco antibalas.

Algunos de los abogados más jóvenes que trabajaban con Sonia tenían miedo de ir a las redadas con ella. Pero a Sonia le encantaban las redadas. Una vez, la policía y ella ¡incautaron veintitrés mil bolsos!

La familia Fendi, propietaria del negocio, la invitó a Roma y también la pasearon por toda Europa. Le mostraron cómo era la vida de la gente rica y famosa. Sin embargo, Sonia se mantuvo fiel a sus raíces.

Ella invitó a los Fendi a la casa de su madre en el Bronx para una cena de Acción de Gracias. Nunca se avergonzó de sus orígenes humildes. Estaba orgullosa de su familia y de su pasado.

En 1988, los abogados propietarios de Pavia & Harcourt tomaron una decisión. Convertir a Sonia en socia del bufete. Ahora era una de las jefas. Ganaba un buen sueldo, tenía un gran trabajo y viajaba por todo el mundo.

¿Qué más podía desear?

En lo más profundo de su corazón, Sonia siempre había querido una cosa más. No se lo dijo a nadie, pero en secreto quería ser jueza.

CAPÍTULO 7
Su Señoría

Sonia pensaba que mantenía en secreto su sueño de convertirse en jueza. Pero, de alguna manera, sus amigos abogados más veteranos y experimentados parecían saberlo y le dieron consejos que la ayudarían a conseguir su objetivo.

José Cabranes, su mentor, le dijo que hiciera trabajos voluntarios para grupos puertorriqueños que necesitaran abogados. David Botwinick, uno de los nueve socios de Pavia & Harcourt, la ayudó a conseguir un importante trabajo voluntario en el estado de Nueva York. Entonces intervino su antiguo jefe, Robert Morgenthau. Él le pidió al alcalde de Nueva York que pusiera a Sonia en un comité que examinaba cómo se gastaba el dinero en las campañas políticas.

Sus trabajos voluntarios le dieron la oportunidad de hacerse notar por los políticos. Y ¿quiénes nombraban a los jueces de los tribunales más grandes e importantes?: ¡Los políticos!

Cuando llegó el momento, David Botwinick animó a Sonia a presentar su candidatura a jueza de distrito de EE. UU. La Corte de Distrito de EE. UU. no era como las cortes estatales donde se juzgaban a los criminales. No era como la corte donde Sonia había sido fiscal. Era una corte superior, encargada de los casos más importantes. Los jueces, no los jurados, tomaban las decisiones.

¡Vaya! pensó Sonia. ¿Ser jueza en una Corte de Distrito? Eso sería increíble, pero solo tenía 36 años. ¿Qué posibilidades tenía de ser elegida?

Sonia tardó casi una semana en llenar la solicitud. Tuvo que explicar todo sobre su vida: cada persona que conocía, cada caso en el que había trabajado, cada trabajo voluntario que había tenido.

El sistema judicial

El sistema judicial en Estados Unidos puede ser confuso. Hay muchos tipos de cortes diferentes.

- Las cortes locales de los pueblos y ciudades se encargan de los problemas pequeños. Las cortes de tráfico se ocupan de las personas que reciben multas. Las cortes de familia ayudan a resolver los problemas de los divorciados.

Corte de familia de Nueva York

- Las cortes estatales se encargan de delitos mayores. Los jurados deciden si la persona es culpable o no.

- Las cortes federales se ocupan de las leyes que se aplican a todo el país. Si alguien hace dinero falso, es un delito federal. Es ilegal en todos los estados.

- La corte federal "más baja" es la Corte de Distrito de EE. UU. Hay 94 cortes de distrito en el país. La Corte de Distrito de Nueva York es una de las más famosas porque muchos casos importantes comienzan en esta ciudad.

- La siguiente corte federal de mayor rango es la Corte de Circuito. Aquí se apelan las sentencias (se intenta cambiar el veredicto) de la corte inferior. Los casos son decididos por un grupo de jueces, normalmente tres.

- La corte más alta del país es la Corte Suprema. Es la última oportunidad de revocar una sentencia de una corte inferior. Hay nueve jueces en la Corte Suprema.

- Son nombrados de por vida. Cuando uno muere o se jubila, el Presidente propone quién debe ocupar el puesto. Pero el Congreso tiene que aprobar la proposición del Presidente.

Senador
Patrick Moyniham

Sonia envió la solicitud de empleo al senador Patrick Moynihan. Él era el senador de Nueva York que la recomendaría.

Pero eso era solo el principio. Ella sería entrevistada por mucha gente. Tendría que responder preguntas ante el Congreso. Luego el Congreso tendría que votar. Si no la aprobaban, Sonia no se convertiría en jueza.

¿Crees que estos pasos se dieron rápidamente? No. ¡El proceso duró casi dos años!

Al fin, en 1992, el Congreso la aprobó. El presidente George H. W. Bush la nombró jueza federal. Su corte era la Corte de Distrito de EE. UU. del Distrito Sur de Nueva York, que tenía 8 condados en la parte baja de la ciudad.

Edificio de la Corte Suprema del Estado de Nueva York

Era un honor increíble y un sueño hecho realidad. Y era un trabajo para siempre. Los jueces federales se nombran de por vida.

Aprender a ser jueza era como todo lo que ella había hecho. Tuvo que trabajar duro y aprender rápido, en el trabajo.

Años más tarde, Sonia admitió que al principio le daba miedo sentarse en la corte. Intentó llevar todos sus casos en su oficina, que se llama despacho del juez. Pero finalmente tuvo que ir a la corte y sentarse en el banquillo. Se puso la toga negra de jueza. Estaba tan nerviosa que se le doblaban las rodillas.

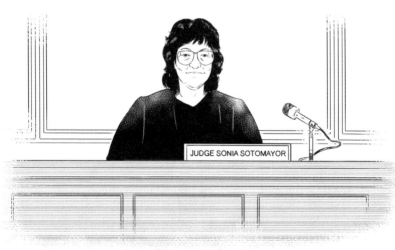

Sin embargo, muy pronto, Sonia se sintió segura de ser jueza.

En 1995, tuvo que decidir uno de los casos más importantes del año.

El caso era sobre béisbol.

Los jugadores de las Grandes Ligas se habían declarado en huelga. No les gustaba el acuerdo que les ofrecían los propietarios de los equipos. La huelga había durado 7 meses. El año anterior ¡no había habido Serie Mundial!

Sonia era la jueza del caso. El día del juicio, las cámaras de televisión y los periodistas llenaron los pasillos fuera de la sala. Ella escuchó a los abogados de ambas partes. Luego se tomó un breve descanso.

Algunos pensaron que la jueza Sotomayor tardaría días o semanas en decidir el caso. Pero a Sonia le gustaba el béisbol tanto como a los demás. Era una gran fan de los Yankees de Nueva York. No quería que la huelga se prolongara. El

entrenamiento de primavera estaba a la vuelta de la esquina.

Así que tomó su decisión de inmediato. Fue amable y educada con todos, pero estaba de acuerdo con los jugadores. Los propietarios estaban siendo injustos. Les dijo que debían seguir trabajando con los jugadores para conseguir un nuevo contrato. Cuando los jugadores escucharon su decisión, pusieron fin a la huelga. ¡Sonia Sotomayor había salvado el béisbol!

El *New York Times* escribió sobre Sonia. Dijeron que era como un gran jugador de béisbol que podía "despertarse el día de Navidad y lanzar una curva".

Querían decir que ella no necesitaba ningún entrenamiento de primavera (o práctica) para hacer bien su trabajo.

Sin embargo, Sonia probablemente no estaba de acuerdo con eso. El trabajo duro y la práctica siempre habían sido las claves de su éxito en todo lo que hacía.

CAPÍTULO 8
Cada vez más alto

La vida era placentera para la jueza Sotomayor. Amaba su trabajo y a sus amigos. Las personas que trabajaban para ella eran como una segunda familia. A veces los invitaba a casa para comer hamburguesas y jugar a las cartas.

Su diabetes también estaba controlada. Tenía mucho cuidado con lo que comía. Siempre se ponía la insulina cuando la necesitaba. A veces se inyectaba durante las comidas, delante de la gente.

La vida de Sonia podría haber seguido así para siempre.

Pero el 25 de junio de 1997 recibió una llamada del presidente Bill Clinton. Él quería nominarla para una corte superior: la Corte de Apelaciones del Segundo Circuito de los Estados Unidos.

Bill Clinton

Sonia sabía lo que eso significaba. Tendría que pasar por un montón de entrevistas, otra vez.

Y responder a preguntas ante el Congreso, de nuevo. Entonces el Congreso tendría que votar para aprobarla. Todo esto llevaría mucho tiempo, pero era un gran honor. También era una señal de que algún día un Presidente podría elegirla para la Corte Suprema.

Como antes, el senador Moynihan la defendió en el Congreso. También lo hizo el otro senador de Nueva York, Alfonse D'Amato. Diez mil personas escribieron cartas para apoyarla. Sin embargo, el Congreso retrasaba la votación, y no votaron por mucho tiempo. ¿Por qué no? ¿Sería porque algunos congresistas no querían que una mujer hispana estuviera en la Corte Suprema algún día?

Senador Al D'Amato

El truco del estancamiento se ha usado mucho, especialmente cuando se nombraba a personas de las minorías. Otros candidatos se convertían en jueces con bastante rapidez, pero las minorías y las mujeres a menudo tuvieron que esperar dos o tres años.

Pero finalmente, en octubre de 1998, el Senado votó a favor de Sonia.

El 6 de noviembre hubo una ceremonia de investidura. Muchas personas famosas estaban allí. También asistían los familiares y amigos de Sonia.

Los otros doce jueces de la Corte del Segundo Circuito estaban allí, entre ellos José Cabranes. Él mismo era ahora un juez importante, y le tomó juramento. En la corte, ella se sentaría junto a él.

Después de la ceremonia, Sonia y su familia lo celebraron. Y esa noche, hubo otro evento especial. La madre de Sonia, Celina, se iba a casar. Estaba enamorada de un hombre llamado Omar López. Sonia, como jueza, celebró su ceremonia de matrimonio.

Sonia tenía un trabajo maravilloso, una familia muy unida y amigos queridos. No había nada más que pudiera pedir o esperar.

¿O sí lo había?

CAPÍTULO 9
Una de nueve

Durante los 10 años siguientes, Sonia no solo ejerció de jueza, también impartió clases en seis facultades de derecho y dio discursos por todo el país.

Entonces, un día de 2009, recibió una llamada de la Casa Blanca. Uno de los 9 magistrados de la Corte Suprema se iba a jubilar. El presidente Barack Obama elegiría un sustituto.

"No se lo digas a nadie", le dijeron de la Casa Blanca a Sonia.

Sonia estaba en la "pequeña lista" que el presidente Obama estaba considerando. Había otras tres personas en la lista. Sonia sabía lo que esto significaba. Si era nominada, habría más entrevistas. Más preguntas del Congreso. Más espera. Finalmente, el Senado tendría que votar.

La Corte Suprema

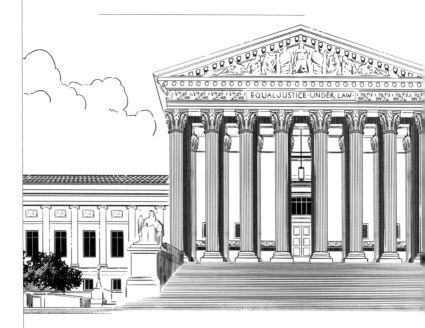

La Corte Suprema es uno de los tres poderes del gobierno estadounidense. Es el poder judicial. Los otros dos poderes son el ejecutivo (el Presidente) y el legislativo (el Congreso).

Cada rama tiene diferentes poderes. La Corte Suprema tiene el poder de decidir si las leyes son justas, según nuestra Constitución.

Hay 9 jueces en la Corte Suprema, un número impar. Así, nunca puede haber un empate en la votación. (No hay jurados para decidir los casos en la Corte.) Todos los jueces escuchan cada caso.

Luego, hacen la votación. A veces los jueces están de acuerdo, pero otras no lo están. Algunas votaciones son 5 a 4. Es decir, solo 5 jueces están de acuerdo sobre cómo resolver el caso. Los otros 4 no están de acuerdo. La mayoría siempre gana. Los jueces son nombrados de por vida.

Pero esta vez sería aún más difícil. Los senadores son muy cuidadosos a la hora de votar por los jueces de la Corte Suprema. ¿Por qué? Porque la Corte Suprema tiene mucho poder. Toma decisiones sobre grandes asuntos que afectan a todo el mundo. A ella le preocupaba cómo el estar en la Corte Suprema podría cambiar su vida. Sería famosa, tendría poca privacidad. ¿Valdría la pena?

La Corte Suprema en 2008

Claro que sí, decidió Sonia, debía intentarlo. Quería que los niños de las minorías supieran que eran como ella, que podían crecer y alcanzar sus sueños si se esforzaban lo suficiente.

Los siguientes meses fueron una locura. Primero vinieron los agentes del FBI a preguntar sobre su vida. El Presidente quería estar seguro de que no tenía secretos desagradables en su pasado. La Casa Blanca llamó a su médico para preguntarle sobre

su diabetes. El Presidente quería estar seguro de que Sonia estaba sana y podía integrar la Corte Suprema durante muchos años.

Luego, Sonia fue a la Casa Blanca para conocer al Presidente. También conoció al vicepresidente Joe Biden y a muchos miembros del personal de la Casa Blanca.

Finalmente le dijeron que esperara una llamada telefónica el 25 de mayo.

Cuando esta llegó, después de las 8:00 p. m., Sonia estaba emocionada. ¡Pero tenía que darse prisa! De alguna manera, tenía que viajar de Nueva York a Washington, DC, esa noche. La Casa Blanca no quería que volara. Temían que los periodistas se enteraran. Querían mantener el secreto hasta el día siguiente.

Un amigo de Sonia la llevó a Washington, DC, bajo una tormenta. Llegaron pasadas las dos de la madrugada. Su madre, su hermano y otros familiares ya estaban allí. Algunos familiares habían volado desde Puerto Rico para participar en este acontecimiento histórico.

A la mañana siguiente, Sonia y su familia estaban en la Sala Este de la Casa Blanca con el presidente Obama. Los periodistas y la televisión estaban allí. El Presidente anunció que la nominaría como magistrada de la Corte Suprema. Sería la tercera mujer, y la primera hispana, en formar parte de la Corte.

Luego, Sonia pronunció un breve discurso. Dijo que, nunca hubiera imaginado, ni en sus sueños más locos, que esto pudiera suceder.

Durante las siguientes semanas, su vida fue un torbellino. Tenía que prepararse para las audiencias del Senado. En estas reuniones los senadores le harían preguntas. Las audiencias serían por televisión. Si no respondía bien a las preguntas, quedaría mal. Los senadores podrían no votar por ella.

Sonia decidió reunirse con todos los senadores que pudiera con antelación. De los cien senadores, ¡se reunió con ochenta y nueve!

En una visita a Washington, DC, tropezó en el aeropuerto y se fracturó el tobillo. Eso no la detuvo. Entró cojeando en la Casa Blanca. Más tarde, le pusieron una escayola en la pierna. Un senador, incluso, se la firmó.

Las audiencias estaban previstas para julio de 2009. La Casa Blanca ayudó a Sonia a prepararse. Celebraron sesiones de ensayo, a veces durante 10 horas al día.

Le dijeron qué trajes debía llevar cada día y qué color debía usar en las uñas. A Sonia le gustaban las uñas de color rojo intenso. Le dijeron que usara un color más suave.

El primer día de las audiencias, Sonia se sentó sola en una gran mesa. Frente a ella había 16 senadores sentados en lo alto, detrás de un escritorio. Parecía una sala de justicia. La interrogaron una y otra vez, durante cuatro días.

Finalmente las audiencias terminaron.

Tres semanas después, el 6 de agosto de 2009, el Senado votó. Acordaron aprobar a Sonia Sotomayor para la Corte Suprema.

El 8 de agosto juró su cargo, ¡dos veces! Una ceremonia privada y la otra ante fotógrafos y periodistas. El presidente de la Corte Suprema, John Roberts, le tomó juramento. Sonia puso su mano sobre una Biblia mientras Celina la sostenía, sonriendo.

Después, empezaron las celebraciones y las fiestas. Muchos famosos felicitaron a Sonia. Dos compositores escribieron canciones para ella. El presidente Obama le hizo una fiesta en la Casa Blanca. Jennifer López, también la invitó a una fiesta en su mansión de Long Island, Nueva York. Tanto J-Lo como Sonia procedían de familias puertorriqueñas. Ambas habían crecido en el Bronx.

Aunque Sonia ya había jurado su cargo como magistrada, aún quedaba una ceremonia por celebrar. No sería oficial hasta entonces.

La noche anterior a la ceremonia, Sonia salió a bailar con su familia. Aunque estaba a punto de convertirse en magistrada de la Corte Suprema, no quería actuar de forma diferente. Bailó salsa y cantó delante de toda la multitud. Al fin y al cabo, eso es lo que el presidente Obama le había pedido que hiciera: seguir siendo ella misma. Seguir conectada al mundo del que venía.

La ceremonia se celebró al día siguiente, el 8 de septiembre. Solo duró 4 minutos. Sonia se sentó por primera vez en el banquillo de la Corte Suprema. Se sentía humilde y orgullosa, y fascinada ante el mundo en el que iba a entrar.

Omar, Celina, Sonia, (su cuñada) Tracey y Junior

La Corte Suprema abrió sus puertas al día siguiente de la toma de posesión de Sonia. (Está en sesión desde el primer lunes de octubre hasta finales de junio o principios de julio). Ruth Bader Ginsburg usaba un cuello de encaje con su toga negra de magistrada. Ella le regaló a Sonia uno similar para que lo llevara en su primer día en la Corte. Sonia lo usó poco tiempo, porque no le gustan los encajes.

Mujeres de la Corte Suprema

La primera mujer nombrada para la Corte Suprema fue Sandra Day O'Connor. El presidente Ronald Reagan la nombró en 1981. Se retiró en 2006.

Ruth Bader Ginsburg fue la segunda mujer en la Corte. Fue nombrada en 1993 por el presidente Bill Clinton.

Sonia Sotomayor fue la tercera mujer nombrada para la Corte en 2009.

Ruth Bader Ginsburg

Le siguió la jueza Elena Kagan en 2010. Ambas fueron nombradas por el presidente Barack Obama.

Elena Kagan

Cuando Ruth Bader Ginsburg murió en 2020, fue sustituida por Amy Coney Barrett, la elección del presidente Donald Trump.

En 2022, el presidente Joe Biden nombró a Ketanji Brown Jackson, la primera mujer negra en formar parte de la Corte.

Amy Coney Barrett   Ketanji Brown Jackson

Sonia ocupó su lugar entre los otros ocho magistrados. Le temblaban las rodillas. Pensaba que no estaba preparada para el trabajo. Pero, como siempre, sabía lo que tenía que hacer: atreverse, aprender rápido y trabajar duro. Eso es lo que siempre había hecho: en la escuela católica, en Princeton, en Yale, en la oficina del fiscal de Nueva York, en su bufete de abogados y cuando aprendió a sentarse en el banquillo de un juez.

Es lo que su madre le había enseñado a hacer con el ejemplo. Sonia lo había hecho toda su vida.

¿Por qué dejar de hacerlo ahora?

Casos importantes de la Corte Suprema

La Corte Suprema ha decidido muchos casos importantes. En 1954, decidió que era ilegal obligar a los niños negros a asistir a escuelas diferentes a las de los niños blancos. El caso se llamó *Brown v. Board of Education*. Otro caso importante fue el de *Miranda contra Arizona*. En este, la Corte dijo que los sospechosos de delitos tenían ciertos derechos al ser detenidos, incluido el derecho a permanecer en silencio y a tener un abogado.

En 2015, la Corte Suprema resolvió un caso sobre el matrimonio homosexual. Decidió que las parejas del mismo sexo pueden casarse en todos los estados. La votación fue de 5 a 4 a favor. Sonia Sotomayor votó a favor, junto con otros 4 jueces.

En 2022, la Corte Suprema tomó una decisión muy importante. Votó para cambiar, o anular, una sentencia de la Corte llamada *Roe v. Wade*. Ese fallo, de 1973, legalizó el aborto. Sonia Sotomayor no quería anular *Roe*. Cree que las mujeres tienen derecho a decidir sobre su propio cuerpo. Pero la mayoría de los jueces no estaban de acuerdo con ella. La votación fue de 6 a 3 a favor de acabar con el derecho al aborto.

Cronología de la vida de Sonia Sotomayor

1954 — Nace en Nueva York el 25 de junio

1957 — Nace su hermano Juan, la familia se traslada al proyecto de viviendas Bronxdale Houses

1961 — Se le diagnostica diabetes

1963 — Muere su padre

1972 — Se gradúa en la *Cardinal Spellman High School*

1976 — Se gradúa en la Universidad de Princeton
Se casa con Kevin Noonan

1979 — Se licencia en Derecho en la Facultad de Derecho de Yale
Es contratada como asistente del Fiscal de Distrito en la ciudad de Nueva York

1983 — Se divorcia

1984 — Se incorpora al bufete de abogados Pavia & Harcourt

1992 — Es nombrada jueza de una Corte de Distrito de EE. UU.

1995 — Pone fin a la huelga de las Grandes Ligas de Béisbol

1997 — Se convierte en jueza de la Corte de Apelaciones del Segundo Circuito de los Estados Unidos

2009 — Presta juramento como magistrada de la Corte Suprema

2013 — Se publica *My Beloved World*

2019 — Se publica su primer libro para niños: *Just Ask!: Be Different, Be Brave, Be You*

Cronología del mundo

1898	Estados Unidos toma el control militar de Puerto Rico
1921	Descubrimiento de la insulina
1952	Puerto Rico se convierte en un Estado Libre Asociado de Estados Unidos
1961	Construcción del Muro de Berlín
1966	Se funda la Organización Nacional de Mujeres (NOW, por sus siglas en inglés)
1971	Introducción de los disquetes de ordenador
1974	Dimite el presidente estadounidense Richard Nixon
1981	La primera mujer, Sandra Day O'Connor, es nombrada miembro de la Corte Suprema de EE. UU.
1987	Los Simpson aparecen por primera vez en la televisión
1994–1995	Huelga de las Grandes Ligas de Béisbol
1997	Los británicos devuelven Hong Kong a China
2005	Se crea YouTube
2008	Barack Obama se convierte en el primer afroamericano elegido presidente de Estados Unidos
2009	Los Yankees de Nueva York ganan su vigésimo séptimo campeonato de la Serie Mundial
2012	Barack Obama es reelegido presidente de los Estados Unidos
2021	Juramenta la primera mujer vicepresidente: Kamala Harris

Bibliografía

* Libros para jóvenes lectores

* Anderson, Annmarie. *When I Grow Up: Sonia Sotomayor.* New York: Scholastic, Inc., 2014.

Collins, Lauren. "Number Nine." *The New Yorker*, January 11, 2010.

Felix, Antonia. *Sonia Sotomayor: The True American Dream.* New York: Berkley Books, 2010.

Greene, Meg. *Sonia Sotomayor: A Biography.* Santa Barbara, CA: Greenwood Biographies, 2012.

Powell, Michael. "To Get to Sotomayor's Core, Start in New York." *New York Times*, July 9, 2009.

Sotomayor, Sonia. *My Beloved World.* New York: Vintage Books, 2013.

Stolberg, Sheryl Gay. "Sotomayor, a Trailblazer and a Dreamer." *New York Times*, May 26, 2009.

Totenberg, Nina. "Sotomayor Found Her 'Competitive Spirit' in Gold Stars." *All Things Considered*, NPR, January 14, 2013.

Winfrey, Oprah. *Oprah Talks to Sonia Sotomayor.* New York: Hearst Corporation, 2013.